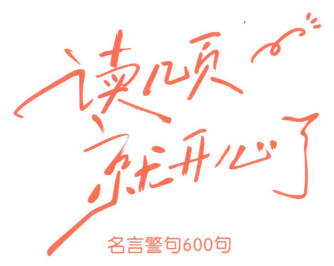

名言警句600句

傅玉芳 —— 编

上海大学出版社

图书在版编目(CIP)数据

读几页,就开心了:名言警句600句/傅玉芳编.
上海:上海大学出版社,2024.8. -- ISBN 978-7-5671-5049-2

Ⅰ.H136.33

中国国家版本馆CIP数据核字第2024FW5074号

责任编辑　庄际虹
书籍设计　缪炎栩
技术编辑　金　鑫　钱宇坤

读几页,就开心了
——名言警句600句

傅玉芳　编

出版发行	上海大学出版社出版发行
地　　址	上海市上大路99号
邮政编码	200444
网　　址	www.shupress.cn
发行热线	021-66135109
出版人	戴骏豪
印　　刷	句容市排印厂
经　　销	各地新华书店
开　　本	787mm×1092mm 1/32
印　　张	5.25
字　　数	105千
版　　次	2024年9月第1版
印　　次	2024年9月第1次
书　　号	ISBN 978-7-5671-5049-2/H·438
定　　价	50.00元

版权所有　侵权必究
如发现本书有印装质量问题请与印刷厂质量科联系
联系电话:0511-87871135

- 宇宙中的万事万物,越是优秀,越是高等,他们达致成熟的时间就来得越迟。

    ◇ [德国]叔本华

- 伟大的壮举告诉我们,宇宙是每个生活在其中的人的共同财富。

    ◇ [美国]爱默生

- 认识世界和改造世界的欲望是人类进步的两个伟大动力,没有它们,人类社会就会停滞不前。

    ◇ [英国]罗素

- 世界上有成就的人都是能放开眼光找他们所需要的境遇的人,要是找不着,就自己创造。

    ◇ [爱尔兰]萧伯纳

宇宙自然
YUZHOU ZIRAN

- 世界上最慷慨的是大地，只要你付出一定代价，它便会以十倍的奖赏酬谢你的辛劳。

    ◇ ［英国］雷文斯沃思

- 地球是人类的摇篮，但是人类不能永远生活在摇篮里。开始他将小心翼翼地穿过大气层，然后便去征服整个太阳系。

    ◇ ［俄国］齐奥尔科夫斯基

- 地球是我们人类借以生存的宇宙中的绿洲。

    ◇ ［日本］池田大作

- 在月球遥望地球，我看不到任何国界，我觉得地球就是一个整体，我的整个思想也就开阔了。

    ◇ ［美国］塞尔南

- 让人们为升起的太阳欢呼吧！我崇拜它，是因为它始终运行。

    ◇ ［英国］加里克

- 人们对于一个没落的太阳是会闭门不纳的。

    ◇ [英国] 莎士比亚

- 太阳不仅仅给人带来生命,还会给人带来希望,因为当它傍晚落山的时候,我们总盼望着它在第二天早晨随着新一天的开始而升起。

    ◇ [瑞典] 斯特林堡

- 太阳沉入洋底,但不久就会昂起垂下的头,放射出光芒,重新把万道金色的光焰抹在晨曦的额上。

    ◇ [英国] 弥尔顿

- 能解释万物的宇宙,是最大的好奇,是永恒的奇迹。

    ◇ [美国] 桑塔亚那

005

宇宙自然
YUZHOU ZIRAN

- 月儿把她的光明遍照在天上,却留着她的黑斑给自己。

  ◇ [印度]泰戈尔

- 月亮出现的地方星星暗淡。

  ◇ [爱尔兰]叶芝

- 人们所能见到的一切,没有比漫天星斗的夜空更令人神往的了。

  ◇ [德国]波伊斯

- 时间,就像海绵里的水,只要愿挤,总还是有的。

  ◇ [中国]鲁迅

- 我们的生命皆由时间构成,片刻时间的浪费,便是虚掷了一部分的生命。

  ◇ [美国]林肯

- 不仅要解释过去,而且要大胆预测未来,并勇敢地从事实际活动以实现未来。

  ◇ [苏联]列宁

- 如果有什么需要明天做的事,最好现在就开始。

  ◇ [美国]富兰克林

- 冬天来了,春天还会远吗?

  ◇ [英国]雪莱

- 芬芳的春天给冻僵的心送来了清新空气。

  ◇ [意大利]利奥帕蒂

- 时间是一位可爱的恋人,对你是多么的爱慕倾心,每分每秒都在叮嘱:劳动,创造,别虚度了一生。

  ◇ [中国]于沙

- 以过去和现在的铁铸一般的事实来测将来,洞若观火!

  ◇ [中国]鲁迅

- 时间是伟大的作者,她能写出未来的结局。

  ◇ [英国]卓别林

- 无论什么季节也比不上春天,因为春天给一切注入了生命。

  ◇ [英国]罗塞蒂

- 自然界的万物中蕴藏着惊人的道理。

  ◇ [古希腊]亚里士多德

- 朴实无华的海底埋藏着丰富多彩的珍珠宝石。

  ◇ [英国]弥尔顿

- 洪水可以从涓滴的细流中发生。

  ◇ [英国]莎士比亚

- 柔软的雨水可以滴穿坚硬的大理石。

  ◇ [英国]黎里

- 玫瑰不会从天而降:要有玫瑰千万朵,就得种树万万棵。

  ◇ [英国]艾略特

- 小草呀,你的足步虽小,但是你拥有你足下的土地。

  ◇ [印度]泰戈尔

- 参天大树是从一粒小树种长起的。
  ◇ [英国]托马斯·富勒

- 挺拔的青杉不应俯首于卑微的灌木,只应让低矮的灌木在青杉脚下凋枯。
  ◇ [英国]莎士比亚

- 一旦树根枯死,哪会有什么树叶、树枝?
  ◇ [俄国]克雷洛夫

- 不结果的树是没人去摇的。唯有那些果实累累的才有人用石子去打。
  ◇ [法国]罗曼·罗兰

- 繁忙的蜜蜂根本没有时间去忧伤。
  ◇ [英国]布莱克

011

宇宙自然
YUZHOU ZIRAN

02 / 人生境遇

RENSHENG JINGYU

- 一个人的实质,不在于他向你显露的那一面,而在于他所不能向你显露的那一面。

    ◇ [黎巴嫩]纪伯伦

- 作为一个人,要是不经历过人世上的悲欢离合,不跟生活打过交手仗,就不可能懂得人生的意义。

    ◇ [中国]杨朔

- 人的前路充满快乐,而且非常值得行走。但这只能有一次。

    ◇ [英国]丘吉尔

- 人的一生就如同下棋一样,每一个棋子都有自己的走法,如果没有这个规则——棋也就下不成了!

    ◇ [苏联]高尔基

- 人生的价值,应当看他贡献什么,而不应当看他取得什么。

  ◇ [美国]爱因斯坦

- 人生应该如蜡烛一样,从顶燃到底,一直都是光明的。

  ◇ [中国]萧楚女

- 生命的长短以时间来计算,生命的价值以贡献来计算。

  ◇ [匈牙利]裴多菲

- 重要的不是永恒的生命,而是永恒的活力。

  ◇ [德国]尼采

- 孩子们需要的是榜样,而不是批评。

  ◇ [法国]儒贝尔

- 少年英锐之气,常远胜于老人。然纵之太过,则流为浮躁。

  ◇ [中国]蔡元培

- 在一颗少年的心里,是不允许冷漠去侵占的。

  ◇ [中国]柯蓝

- 青年人呵!为着后来的回忆,小心着意地描你现在的图画。

  ◇ [中国]冰心

- 青年是宝藏,青年是黄金;宝藏要挖掘,黄金需熔炼。

  ◇ [中国]臧克家

- 青年应当天真烂漫……青年应当有朝气,敢作为。
  ◇ [中国]鲁迅

- 青年永远是革命的,革命永远是青年的。
  ◇ [中国]闻一多

- 相信自己的力量吧,我们是青年!
  ◇ [中国]臧克家

- 人到中年才能深切地体会到人生的意义、责任和问题,反省到人生的究竟,所以哀乐之感得以深沉。
  ◇ [中国]宗白华

- 不要讥笑老年人,因为你也会有老年。
  ◇ [古希腊]米南德

- 当你年轻的时候,初次踏上社会,容易掉眼泪;当你年老的时候,快要离开人间,也容易掉眼泪。

  ◇ [英国]柯林斯

- 老年人常多忧虑,少年人常好行乐。

  ◇ [中国]梁启超

- 青年人的才能是发明,老年人的才能是判断。

  ◇ [英国]斯威夫特

- 敢作敢当是男人的一种高贵气质。

  ◇ [古罗马]佩特罗尼乌斯

- 常言说,到衣橱里一看就可以了解一个女人的性情了。

  ◇ [日本]川端康成

- 当女人的美眸被泪水蒙住时,看不清楚的是男人。

  ◇ [法国]图尔尼埃

- 一个漂亮的女人是一颗宝石,但一个好女人是一座宝库。

  ◇ [波斯]萨迪

- 充满了精神的青春,是不会那么轻易消失的。

  ◇ [德国]卡洛萨

- 青春是一个短暂的美梦,当你醒来时,它早已消失无踪。

  ◇ [英国]莎士比亚

- 命运,不过是失败者无聊的自慰,不过是懦怯者的解嘲。人们的前途只能靠自己的意志、努力来决定。
  ◇ [中国]茅盾

- 命运常在给你带来幸福的同时给你带来不幸。
  ◇ [英国]托马斯·富勒

- 命运指引我们走向生命,命运也嘲弄我们走向死亡。
  ◇ [法国]伏尔泰

- 人的命运也往往是由人自己造就的,正如古代诗人所说:"每个人都是自身的设计师。"
  ◇ [英国]培根

- 当良机出现在我们面前时,我们要及时抓住它们,利用它们,这是生活的一大艺术。

  ◇ [英国]塞缪尔·约翰逊

- 机会对于不能利用它的人又有什么用呢?正如风只对于能利用它的人才是动力。

  ◇ [美国]西蒙

- 机会造访每一个人,能够及时活用的人却少之又少。

  ◇ [英国]李顿

- 良机只有一次,一旦坐失,就再也得不到了。

  ◇ [英国]勃朗宁

- 人生成功的秘诀是当好机会来临时,立刻抓住它。

  ◇ [英国]迪斯累里

- 一个明智的人总是抓住机遇,把它变成美好的未来。

    ◇ [英国]托马斯·富勒

- 没有人能抓住幸运不动,并永久地保持下去。

    ◇ [古希腊]欧里庇得斯

- 勤勉是幸运的右手,节俭是幸运的左手。

    ◇ [英国]托马斯·富勒

- 行动不一定每次都带来幸运,但坐而不行,一定无任何幸运而言。

    ◇ [英国]迪斯累里

- 幸运到来之时犹如收获之日,庄稼成熟了就要抓紧收割。

    ◇ [德国]歌德

人生境遇
RENSHENG JINGYU

- 有时候,一个人的愚蠢恰是另一个人的幸运,一方的错误恰好促成了另一方的机会。
  ◇ [英国]培根

- 真正幸运者并不是拿到赌桌上最好牌的人,而是那些知道什么时候应该离座回家的人。
  ◇ [英国]塞缪尔·约翰逊

- 别向不幸屈服,应该更大胆、更积极地向不幸挑战。
  ◇ [古罗马]维吉尔

- 不幸的人会以别人的更大不幸来安慰自己。
  ◇ [古希腊]伊索

024

- 人之所以不幸，是因为他不知道自己是幸福的，仅此而已。

    ◇ ［俄国］陀思妥耶夫斯基

- 好运气在敲您的门，您应该立即拿定主意。如果您不开门，它就去别处了。

    ◇ ［法国］司汤达

- 浅薄的人相信运气，坚强的人相信因果。

    ◇ ［美国］爱默生

- 好的运气令人羡慕，而战胜厄运则更令人惊叹。

    ◇ ［古罗马］塞涅卡

- 幸运所需要的美德是节制，而厄运所需要的美德是坚忍，后者比前者更为难能可贵。

    ◇ ［英国］培根

- 爱你所做的事,成功是需要一点热情的。
  ◇ [美国]卡莉·菲奥莉娜

- 成功的花,人们只惊慕她现时的明艳,然而当初她的芽儿,浸透了奋斗的泪泉,洒遍了牺牲的血雨。
  ◇ [中国]冰心

- 要记住:历史上所有伟大的成就,都是由于战胜了看来是不可能的事情而取得的。
  ◇ [英国]卓别林

- 在别人藐视的事中获得成功,是一件了不起的事,因为这证明了不但战胜了自己,也战胜了别人。
  ◇ [法国]蒙泰朗

- 不干,固然遇不着失败,也绝对遇不着成功。
  ◇ [中国]邹韬奋

- 执着的追求和不断的分析，这是走向成功的双翼。不执着，便容易半途而废；不分析，便容易一条道走到黑。

  ◇ ［中国］汪国真

- 吃一堑，长一智。失败一次，前进一步。失败是成功之母；成功由失败堆垒而成。

  ◇ ［中国］徐迟

- 急躁的人一旦失败，便疲惫不堪，失掉信心。不虚张声势、稳步前进的人，能把失败也当作重整旗鼓的财富。

  ◇ ［日本］池田大作

- 生活中的许多失败者是那些没有意识到自己距成功只有一步之遥的情况下放弃的人。

  ◇ ［美国］爱迪生

- 摔倒了，赶快爬起来往前走，莫欣赏摔倒的地方，莫停下来哀叹。

  ◇ ［中国］沈从文

- 一个人失败的最大原因，就是对于自己的能力永远不敢充分信任，甚至自己认为必将失败。

  ◇ ［美国］富兰克林

- 最好的射手也会有打不中目标的时候。

  ◇ ［英国］托马斯·富勒

- 做胜利的英雄容易，做失败的英雄不易。

  ◇ ［中国］陈毅

- 当困难来访时，有些人跟着一飞冲天，也有些人因之倒地不起。

  ◇ ［俄国］列夫·托尔斯泰

人生境遇
RENSHENG JINGYU

- 凡做一事,无论大小难易,皆宜有始有终。
    ◇ [中国]曾国藩

- 灾难的结果压倒了你的意志与勇敢,那才是真的灾难,因为你更没有翻身的希望。
    ◇ [中国]徐志摩

- 不能像在逆境中那样在顺境中持重,是一个人脆弱的表现。
    ◇ [古罗马]西塞罗

- 超越自然的奇迹,总是在对逆境的征服中出现的。
    ◇ [英国]培根

- 逆境可以使人变得聪明,尽管不能使人变得富有。
    ◇ [英国]托马斯·富勒

- 逆境能促进勤奋，能使人发愤图强、自力更生，经过艰苦奋斗而百炼成钢。

    ◇ ［中国］郭沫若

- 有理想的人能在逆境中看到希望，在黑暗中看到光明。因为他的逆境只是过渡，黑暗也只是一时的过程。

    ◇ ［中国］罗兰

- 在生活中，真正的问题不在于我们得到什么，而在于我们做什么。

    ◇ ［英国］卡莱尔

- 有的人活着，他已经死了；有的人死了，他还活着。

    ◇ ［中国］臧克家

- 有人可能一百岁时走向坟墓，但是他生下来就已经死亡。

    ◇ ［法国］卢梭

031

人生境遇
RENSHENG JINGYU

人生境遇
RENSHENG JINGYU

- 权力是一头猛兽,必须用锁链紧紧地缚住它,遏止它狂奔乱走,同时要经常监视它,用鞭子使它屈服。

  ◇ [日本]池田大作

- 社会的最高权力除了交给人民以外,我不知道还可以安全地委托给谁。

  ◇ [美国]杰弗逊

- 不是充分履行义务的权利是不应该有的。

  ◇ [印度]甘地

- 没有国家的力量,就没有个人的权利。

  ◇ [法国]罗曼·罗兰

- 无论是谁,人总是拥有自己的权利。

  ◇ [德国]尼采

- 不懂得什么是义务和缺乏义务感,就谈不上人的道德,也谈不上集体。

    ◇ [苏联]苏霍姆林斯基

- 对于诚实的人来说,牢记自己的义务是一种荣誉。

    ◇ [古罗马]普劳图斯

- 高尚的人是履行其义务的人。

    ◇ [法国]尤内斯库

- 义务是由于敬畏法律而做的必要行为。

    ◇ [德国]康德

- 假如我有一些能力的话,我就有义务把它们献给祖国。

    ◇ [瑞典]林奈

- 没有祖国,就没有幸福,每个人必须植根于祖国的土壤里。

  ◇ [俄国]屠格涅夫

- 人们不能没有面包而生活;人们也不能没有祖国而生活。

  ◇ [法国]雨果

- 我爱我的祖国,爱我的人民,离开了它,离开了他们,我就无法生存,更无法写作。

  ◇ [中国]巴金

- 祖国,我永远忠于你,为你献身,用我的琴声永远为你歌唱和战斗。

  ◇ [波兰]肖邦

- 祖国，这是个精神力量的概念。如果不了解祖国的历史，就不会有祖国这个概念。
  ◇ ［苏联］高尔基

- 爱国的人一定珍视他的国家过去留下的文物遗产。
  ◇ ［中国］梁实秋

- 爱国是个义务，是一种光荣。
  ◇ ［中国］徐特立

- 不管你跑到天涯海角，你始终脱离不了祖国，祖国永远在你身边。
  ◇ ［中国］巴金

- 国家是大家的，爱国是每个人的本分。
  ◇ ［中国］陶行知

- 风声、雨声、读书声，声声入耳；家事、国事、天下事，事事关心。

    ◇ [中国] 顾宪成

- 人不仅为自己而生，而且也为祖国活着。

    ◇ [古希腊] 柏拉图

- 我们要把心灵里最美好的激情献给祖国。

    ◇ [俄国] 普希金

- 我们是国家的主人，应该处处为国家着想。

    ◇ [中国] 雷锋

- 崇敬人民的人受人民崇敬。

    ◇ ［英国］培根

- 每个人应该遵守生之法则，把个人的命运联系在民族的命运上，将个人的生存放在群体的生存里。

    ◇ ［中国］巴金

- 丧失了自尊心的人，是一个没有出息的个人；丧失了自尊心的民族，是一个无望的民族。

    ◇ ［中国］陈祖芬

- 中国人是富于美感的民族。

    ◇ ［中国］蔡元培

- 不相容的东西共存在一起，即为战争的起源。

    ◇ ［英国］托马斯·富勒

- 终有一天人类会和平共处,彻底消灭战争。
  ◇ [英国]普赖斯

- 创造人的是自然界,启迪和教育人的却是社会。
  ◇ [俄国]别林斯基

- 社会犹如一条船,每个人都要有掌舵的准备。
  ◇ [挪威]易卜生

- 富裕并不带来文明,而文明产生财富。
  ◇ [美国]比彻

- 财产可能为你服务,但也可能将你奴役。
  ◇ [古罗马]贺拉斯

- 巨大的财富具有充分的诱惑力,足以稳稳当当地起致命作用,把那些道路基础不牢固的人引入歧途。

  ◇ [美国]马克·吐温

- 越是不宽裕的人越慷慨,越是富足的人越吝啬。

  ◇ [中国]巴金

- 来自内心自觉要求的纪律是最好的。

  ◇ [英国]罗素

- 没有纪律就没有军队,有的只不过是一群不统一和不协调的乌合之众。

  ◇ [法国]罗伯斯庇尔

- 民主需要纪律、忍让和相互尊重。自由需要尊重他人的自由。

  ◇ [印度]尼赫鲁

- 人们必须要以遵守纪律为代价来获得巨大的物质财富。

  ◇ ［加拿大］莫里斯

- 带来安定的是两种力量：法律和礼貌。

  ◇ ［德国］歌德

- 法律必须普遍地为人知晓，然后它才有拘束力。

  ◇ ［德国］黑格尔

- 法律应该是稳定的，但不能停滞不前。

  ◇ ［美国］庞德

- 法律对一切人都应当平等。

  ◇ ［法国］罗伯斯庇尔

- 法律绝非一成不变的,相反地,正如天空和海面因风浪而起变化一样,法律也因情况和时运而变化。
  ◇ [德国]黑格尔

- 人民的利益是最高的法律。
  ◇ [古罗马]西塞罗

- 在庄严的法律面前是不分种族和肤色的。
  ◇ [英国]毛姆

- 法律的目的是对受法律支配的一切人公正地运用法律。
  ◇ [英国]洛克

- 法律是否有效,取决于它的正义性。
  ◇ [意大利]阿奎

- 没有自由的秩序和没有秩序的自由,同样具有破坏性。

  ◇ [美国]罗斯福

- 人的自由并不仅仅在于做他愿意做的事,而在于永远不做他不愿意做的事。

  ◇ [法国]卢梭

- 自由固不是钱所买到的,但能够为钱而卖掉。

  ◇ [中国]鲁迅

- 外交家和诗人所苦心经营的都是语言和文字,他们使用语言和文字就如使用钥匙一样——虽然它不是一把万能钥匙。

  ◇ [法国]圣琼·佩斯

- 财富不能带来善,而善能带来财富和其他一切幸福。

  ◇ [古希腊]柏拉图

政治社会
ZHENGZHI SHEHUI

04 / 理想事业
LIXIANG SHIYE

- 过去的，让它过去，永远不要回顾；未来的，等来了时再说，不要空想；我们只抓住了现在，用我们现在的理想，做我们所应该做的。

    ◇ [中国]茅盾

- 理想必须要人们去实现它。这就不但需要决心和勇气，而且需要知识。

    ◇ [中国]吴玉章

- 理想不抛弃苦心追求的人，只要不停止追求，你们就会沐浴在理想的光辉之中。

    ◇ [中国]巴金

- 没有理想，等于死亡。

    ◇ [中国]艾青

- 世界上最快乐的事，莫过于为理想而奋斗。

    ◇ [古希腊]苏格拉底

- 很多伟大的思想来自心灵。
    ◇ [法国]沃韦纳格

- 人生好像一盒火柴,严禁使用的是愚蠢的,滥用则是危险的。
    ◇ [日本]芥川龙之介

- 思想是打开一切宝库的钥匙,它给吝啬人提供快乐,而不会给他带来麻烦。
    ◇ [法国]巴尔扎克

- 一千个偏见和不正确的思想——等于没有任何思想!
    ◇ [俄国]陀思妥耶夫斯基

- 创造一切非凡事物的那种神圣的爽朗精神,总是同青年时代的创造力联系在一起的。

    ◇ [德国]歌德

- 高贵的精神是不会停步不前的,它经常使人勇敢而无所畏惧。

    ◇ [苏联]苏霍姆林斯基

- 除真挚的心灵外,别无高贵的仪容。

    ◇ [英国]拉斯金

- 世界上最宽阔的东西是海洋,比海洋更宽阔的是天空,比天空更宽阔的是人的心灵。

    ◇ [法国]雨果

- 伟大的心像海洋一样,永远不会封冻。

    ◇ [德国]海涅

- 灵魂如果没有确定的目标，它就会丧失自己，因为俗语说得好，无所不在等于无所在。

    ◇ [法国]蒙田

- 一个伟大的灵魂，会强化思想和生命。

    ◇ [美国]爱默生

- 不要让欲望的利箭把你射中。

    ◇ [英国]莎士比亚

- 克制自己欲望的人比战胜敌人的人更勇敢。

    ◇ [古希腊]亚里士多德

- 把希望建筑在意欲和心愿上面的人们，二十次中有十九次都会失望。

    ◇ [法国]大仲马

- 聪明人把希望寄托在事业上,糊涂人把希望寄托在幻想上。

  ◇ [中国]邓拓

- 希望本无所谓有,无所谓无的。这正如地上的路,其实地上本没有路,走的人多了,也便成了路。

  ◇ [中国]鲁迅

- 希望是引导人成功的信仰。如果没有了希望,便一事无成。

  ◇ [美国]海伦·凯勒

- 错误同真理的关系,就像睡梦同清醒的关系一样。一个人从错误中醒来,就会以新的力量走向真理。

  ◇ [德国]歌德

- 高尚、伟大的代价就是责任。
    ◇ [英国]丘吉尔

- 人一旦受到责任感的驱使，就能创造出奇迹来。
    ◇ [美国]门肯

- 人们往往把真理和错误混在一起去教人,而坚持的却是错误。

  ◇ [德国]歌德

- 我们所犯的错误中有一半是因为我们该用理智的时候用了感情,而该用感情的时候又用了理智。

  ◇ [英国]柯林斯

- 有的人不犯错误,那是因为他从来不去做任何值得做的事。

  ◇ [德国]歌德

- 本来事业并无大小;大事小做,大事变成小事;小事大做,则小事变成大事。

  ◇ [中国]陶行知

理想事业

- 今天所做之事,勿候明天;自己所做之事,勿候他人。要做一番伟大的事业,总得在青年时代开始。
  ◇ [德国]歌德

- 人生天地间,各自有禀赋。为一大事来,做一大事去。
  ◇ [中国]陶行知

- 一个人只有以他全部力量和精神致力于某一事业时,才能成为真正的大师。
  ◇ [美国]爱因斯坦

- 劳动是一切知识的源泉。
  ◇ [中国]陶铸

- 劳动是最伟大的征服者,它比最辉煌的战争更有把握使国家繁荣昌盛。

  ◇ [英国]威廉·埃勒里·钱宁

- 伟大的成绩和辛勤的劳动是成正比例的,有一分劳动就有一分收获,日积月累,从少到多,奇迹就可以创造出来。

  ◇ [中国]鲁迅

- 独创性——并不是首次观察某种新事物,而是把旧的、很早就是已知的,或者是人人都视而不见的事物当新事物观察,这才证明是真正的独创头脑。

  ◇ [德国]尼采

理想事业
LIXIANG SHIYE

- 职业是不容许任性的。职业就是爱人，选上了，就要爱她，不要三心二意，不然这人就一文不值，人家会说你是软骨头。

  ◇ [苏联]波列伏依

- 创造，或者酝酿未来的创造，是一种必要性。幸福只能存在于这种必要性得到满足的时候。

  ◇ [法国]罗曼·罗兰

- 工作就是人生的价值，人生的欢乐，也是幸福之所在。

  ◇ [法国]罗丹

- 人民群众有无限的创造力。

  ◇ [中国]毛泽东

- 一切发明创造都是经过许多失败的经历而后成功的。

    ◇ [中国]华罗庚

- 必须在奋斗中求生存,求发展。

    ◇ [中国]茅盾

- 不断地奋斗,就是走上成功之路。

    ◇ [中国]孙中山

- 奋斗之心人皆有之。

    ◇ [中国]李叔同

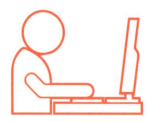

理想事业
LIXIANG SHIYE

- 不要去同那些没有任何东西可失去的人竞争。

  ◇ [西班牙]格拉西安

- 高尚的竞争是一切卓越才能的源泉。

  ◇ [英国]休谟

- 只有天天看到不足,天天感到不安,才能天天去竞争。

  ◇ [中国]袁伟民

理想事业 LIXIANG SHIYE

- 被同一块石头绊倒两次是一种耻辱。

    ◇ [古罗马]西塞罗

- 对大多数人来说,经验犹如航船上的尾灯,只照亮已经驶过的航程。

    ◇ [英国]柯勒律治

- 积累的经验多了就会慎虑,就像积累的学识多了就会博学一样。

    ◇ [英国]霍布斯

- 缺乏进取精神的民族意味着堕落。唯有开拓和竞争,才能立于不败之地。

    ◇ [英国]怀特海

- 如果你们不努力上进,超过一般人,那么你们只有落在别人后边。

    ◇ [印度]泰戈尔

- 经验是智慧的源泉。

    ◇ ［古罗马］西塞罗

- 受苦是考验，是磨炼，是咬紧牙关挖掉自己心灵上的污点。

    ◇ ［中国］巴金

- 若你已有承担一切后果的准备，就能去做世上的任何事情。

    ◇ ［英国］毛姆

- 做事，不只是人家要我做才做，而是人家没要我做也争着去做。这样，才做得有趣味，也就会有收获。

    ◇ ［中国］谢觉哉

- 成功的困难更说明行动的必要性。
  ◇ ［法国］博马舍

- 凡是人，都是一部分依照自己的思想，一部分依照别人的思想来生活和行动的。
  ◇ ［俄国］列夫·托尔斯泰

- 没有行动，思想永远不能成熟而化为真理。
  ◇ ［美国］爱默生

- 在生活中，没有任何东西比人的行动更重要、更珍奇了。
  ◇ ［苏联］高尔基

- 你们应该培养对自己，对自己力量的信心，而这种信心是靠克服障碍、培养意志和锻炼意志获得的。
  ◇ ［苏联］高尔基

05 / 品德个性

PINDE GEXING

- 即使品德穿着褴褛的衣裳,也应该受到尊敬。

  ◇ [德国]席勒

- 假如你的品德十分高尚,莫为出身低微而悲伤,蔷薇常在荆棘中生长。

  ◇ [波斯]萨迪

- 良好的品德是在与坏倾向做顽强斗争中培养出来的。

  ◇ [英国]德克斯特

- 没有德性的美貌,是转瞬即逝的;可是因为在你的美貌中,有一颗美好的灵魂,所以你的美貌是永存的。

  ◇ [英国]莎士比亚

- 完美的人格,高尚的品德,是从实际生活中锻炼出来的。

  ◇ [德国]叔本华

- 不可出于合乎道德的理由干不道德的事。

  ◇ [英国]哈代

- 富裕和美貌所带来的名誉是脆弱的,一掠而过,而心灵的美德却是永久的财富,光彩夺目。

  ◇ [古罗马]塞勒斯特

- 人人都有共同的缺点和不幸,而美德则各个不同。

  ◇ [德国]歌德

- 生命短促,只有美德能将它留传到遥远的后世。

  ◇ [英国]莎士比亚

- 才者,德之资也;德者,才之帅也。

  ◇ [中国]司马光

- 对一个有优越才能的人来说,懂得平等待人,是最伟大、最真正的品质。

    ◇ [美国]斯蒂尔

- 真正的教育是品格修养之指导。

    ◇ [中国]陶行知

- 建筑人格长城的基础就是道德。

    ◇ [中国]陶行知

- 人格中一种最可爱的因素,就是那令人倾心的微笑。

    ◇ [美国]卡耐基

- 教养就是习惯于从最美好的事物中得到满足而且知道为什么。

  ◇ [美国]范戴克

- 每一个明辨事理的人都会模仿他所在之地的良好教养,并与之看齐。

  ◇ [英国]切斯特菲尔德

- 温和的谈吐源于仁慈的人心。

  ◇ [古希腊]荷马

- 我爱你是因为你有一颗仁慈的心,而不是由于你的学识。

  ◇ [美国]戴维斯

- 自立进取乃人生第一义,万不可自弃者也。

  ◇ [中国]康有为

- 独辟蹊径，祛除锈污，自立自强，以开创全新的光荣生活。

  ◇ ［波兰］显克微支

- 凡是天性刚强的人，必定有自强不息的力量。

  ◇ ［法国］罗曼·罗兰

- 凡是自强不息者，最终都会成功。

  ◇ ［德国］歌德

- 脑子里只装满自己的人，正是那种最空虚的人。

  ◇ ［俄国］莱蒙托夫

- 一个人被称为自私自利，并不是因为他追寻自己的利益，而是在于他经常忽略了别人的利益。

  ◇ ［美国］邓肯

- 你应该坚持自信，环境愈恶劣，愈要坚持成功的信念。
  ◇ [美国]富兰克林

- 人必得要有耐心，特别是要有信心。
  ◇ [法国]居里夫人

- 有自信心的人，可以化渺小为伟大，化平庸为神奇。
  ◇ [爱尔兰]萧伯纳

- 自信与骄傲有异：自信者常沉着，而骄傲者常浮扬。
  ◇ [中国]梁启超

- 没有自尊心的人，即接近于自卑。
  ◇ [英国]莎士比亚

- 对于每个人来讲，只有发挥了自己的个性，才能明确自己存在的理由，才会感到生活的意义。

    ◇ ［日本］大松博文

- 人是一种理智的动物，当他的行为被迫纳入一种理智的范围时，他总是会失去自己的个性。

    ◇ ［英国］王尔德

- 要成为一个有价值的人，就要发展你自己必须具备的个性。

    ◇ ［法国］杜伽尔

- 在事业成功的各种因素中，个性的重要性远胜过优秀的智力。

    ◇ ［美国］卡耐基

- 只有在琐事上，而且在毫无戒备时，一个人的性格才会暴露得淋漓尽致。

    ◇ ［德国］叔本华

- 诚实的人从不为自己的诚实而感到后悔。

    ◇ [英国]托马斯·富勒

- 诚实和勤勉，应当成为你永久的伴侣。

    ◇ [美国]富兰克林

- 虚伪的真诚，比魔鬼更可怕。

    ◇ [印度]泰戈尔

- 虚伪不可能创造任何东西，因为虚伪本身什么也不是。

    ◇ [苏联]格拉宁

- 纯朴是艺术作品必不可少的条件；就其本质而言，它排斥任何外在的装饰和雕琢。

    ◇ [俄国]别林斯基

- 一切真正的和伟大的东西,都是纯朴而谦逊的。
    ◇ [俄国]别林斯基

- 爱好虚荣的人,用一件富丽的外衣遮掩着一件丑陋的内衣。
    ◇ [英国]莎士比亚

- 每个人的虚荣心是和他的愚蠢程度相等的。
    ◇ [英国]蒲柏

- 虽然人人都对虚荣不满,但人人都有虚荣心。
    ◇ [英国]切斯特菲尔德

- 吝啬鬼永远处在贫穷之中。
    ◇ [古罗马]贺拉斯

- 一个年轻时只顾自己的人,将会变成一个非常吝啬的人,老来便是一个无可救药的守财奴。

    ◇ [英国] 豪斯

- 对未来的真正慷慨,是把一切献给现在。

    ◇ [法国] 加缪

- 慷慨并不是给予得很多,而是给予得很明智。

    ◇ [美国] 爱默生

- 慷慨不是你把我比你更需要的东西给我,而是你把你更需要的东西也给了我。

    ◇ [黎巴嫩] 纪伯伦

- 虚心使人进步,骄傲使人落后,我们应当永远记住这个真理。

    ◇ [中国] 毛泽东

- 一个骄傲的人,结果总是在骄傲里毁灭了自己。

  ◇ [英国]莎士比亚

- 谦和的态度,常会使别人难以拒绝你的要求,这也是一个人无往不利的要诀。

  ◇ [日本]松下幸之助

- 谦虚使人的心缩小,像一个小石卵,虽然小,而极结实。结实才能诚实。

  ◇ [中国]老舍

- 我们不能一有成绩,就像皮球一样,别人拍不得,轻轻一拍,就跳得老高。成绩越大,越要谦虚谨慎。

  ◇ [中国]王进喜

- $A = x+y+z$ A代表成功,x代表艰苦的工作,y代表休息,z代表少说废话。

  ◇ [美国]爱因斯坦

- 勤劳可以使最平常的机遇变成良机。

    ◇ [德国]马丁·路德

- 谨慎比大胆要有力量得多。

    ◇ [法国]雨果

- 谨慎的人对自己有益,有德行的人对别人有益。

    ◇ [法国]伏尔泰

- 要好好地记住:慎重与怯懦不是同义语,正如勇敢并不等于鲁莽一样!

    ◇ [美国]艾森豪威尔

- 要坚强,要勇敢,不要让绝望和庸俗的忧愁压倒你,要保持伟大的灵魂在经受苦难时的豁达与平静。

    ◇ [意大利]亚米契斯

- 真正勇敢的人，应当能够智慧地忍受最难堪的屈辱，不以身外的荣辱介怀，用息事宁人的态度避免无谓的横祸。

  ◇ ［英国］莎士比亚

- 我们应该赞美岩石的坚定。我们应该学习岩石的坚定。我们应该对革命有着坚强的信念。

  ◇ ［中国］陶铸

- 不应当急于求成，应当去熟悉自己的研究对象，锲而不舍，时间会成全一切。凡事开始最难；然而更难的是何以善终。

  ◇ ［英国］莎士比亚

- 坚定的前进者尽管也有停歇的时候，却勇往直前。

  ◇ ［英国］赫伯特

- 绳可锯木断,水可滴石穿。苦干加巧干,坚持持久战。

  ◇ [中国]郭沫若

- 忍耐是苦涩的,但它的果实却是甘甜的。

  ◇ [法国]卢梭

- 成大事不在于力量的大小,而在于能坚持多久。

  ◇ [英国]塞缪尔·约翰逊

- 读不在三更五鼓,功只怕一曝十寒。

  ◇ [中国]郭沫若

06 / 知识学习

ZHISHI XUEXI

- 观察是得到一切知识的首要步骤。

    ◇ [中国]李四光

- 光有知识是不够的,还应当运用;光有愿望是不够的,还应当行动。

    ◇ [德国]歌德

- 人有多少知识,就有多少力量,他的知识和他的能力是相当的。

    ◇ [英国]培根

- 任何一种容器都装得满,唯有知识的容器大无边。

    ◇ [中国]徐特立

- 一个人有了知识,才能变得三头六臂。

    ◇ [德国]马克思

- 知识就是力量。

    ◇ ［英国］培根

- 知识是人类快乐的主要因素之一。

    ◇ ［英国］罗素

- 发明千千万，起点是一问。人力胜天工，只在每事问。

    ◇ ［中国］陶行知

- 善于想、善于问、善于做的人，其收效则常大而且快。

    ◇ ［中国］谢觉哉

- 学问如宝剑，要用直率的心去挥使。否则，反而会成为破坏人类幸福的根源。

    ◇ ［日本］松下幸之助

- 多读一本没有价值的书,便丧失了可读一本有价值的书的时间和精力。

  ◇ [中国]朱光潜

- 和书籍生活在一起,永远不会叹气。

  ◇ [法国]罗曼·罗兰

- 名著,这类书是这样的:名气挺大,念过的人总不肯说它坏,没念过的人总是害羞地说将要念。

  ◇ [中国]老舍

- 书籍和智慧在社会生活中所起的作用比其他任何地方都更大。

  ◇ [英国]弥尔顿

- 书籍具有一种能给我指出我在人的身上所没有看见和不知道的东西的能力。

  ◇ [苏联]高尔基

- 书就是社会,一本好书就是一个好的世界、好的社会。它能陶冶人的感情和气质,使人高尚。

    ◇ [俄国]波罗果夫

- 真正的好书应是历经岁月的考验而常新的,不是那些仅能维持数周的畅销书。

    ◇ [美国]卡耐基

- 没有求知欲的学生,就像没有翅膀的鸟儿。

    ◇ [波斯]萨迪

- 求知之心只引起更大更难抑制的求知之心。

    ◇ [中国]林语堂

- 经常不断地学习,你就什么都知道。你知道得越多,你就越有力量。

    ◇ [苏联]高尔基

- 能够有整段时间学习那当然好,但是在我们的工作岗位上,忙是常规,如果要等到有了整段时间才去学习,那就要误事了。

    ◇ [中国]廖沫沙

- 人永远是要学习的。死的时候,才是毕业的时候。

    ◇ [中国]萧楚女

- 学习科学是一口气也松不得的,科学的成就就是毅力加耐性。

    ◇ [中国]张广厚

- 一个人如果他不知道学习的重要,他永远也不会变得聪明。

    ◇ [中国]毛泽东

- 用与学的分离,是工作和学习双方的失败。

    ◇ [中国]徐特立

- 有十分天资的人,加以十分勤学苦练,才可能使他的十分天资充分发展。

    ◇ [中国]郭沫若

- 爱好读书,就能把无聊的时刻变成喜悦的时刻。

    ◇ [法国]孟德斯鸠

- 读过一本好书,像交了一个益友,时间过得越长,情谊也就越深厚。

    ◇ [中国]臧克家

- 读好书的前提条件在于不读坏书,因为光阴似箭,生命短促。

    ◇ [德国]叔本华

- 读书的深刻含义,不是用甜言蜜语催你昏昏入睡,而是让你历尽艰辛并奉献出无数不眠之夜。
  ◇ [美国]梭罗

- 读书给人以乐趣,给人以光彩,给人以才干。
  ◇ [英国]培根

- 读书好似爬山,爬得越高,望得越远;读书好似耕耘,汗水流得多,收获更丰满。
  ◇ [中国]臧克家

- 多少事,从来急;天地转,光阴迫。一万年太久,只争朝夕。

    ◇ [中国]毛泽东

- 聪明出于勤奋,天才在于积累。

    ◇ [中国]华罗庚

- 对人民来说,第一是面包,第二是教育。

    ◇ [法国]丹东

- 自觉是教育上最高的原则。

    ◇ [中国]徐特立

- 不学无术的人轻视科学,没受过教育的人赞赏科学,而智慧者则利用科学。

    ◇ [英国]培根

- 单为用而不含求知的意思,其结果只能产生"手艺""技术"而不能产生科学。

    ◇ [中国]梁漱溟

- 科学常是在千百次失败后最后一次成功的。

    ◇ [中国]徐特立

- 科学方法必然是一种与道德无关的,超乎善与恶,且只问事实而不问价值,不问商业的价值或道德的价值。

    ◇ [中国]林语堂

- 科学技术的质量是由人的质量来决定的。

    ◇ [中国]谈家桢

- 科学结论,是点成的金,量终有限;科学方法,是点石的手指,可以产生无穷的金。

  ◇ [中国]蔡元培

- 除了实践以外,没有别的办法可以识别错误。

  ◇ [法国]狄德罗

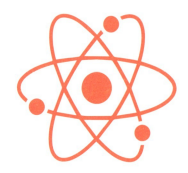

- 苦难对于天才是一块垫脚石。

    ◇ [法国] 巴尔扎克

- 逆境使天才脱颖而出,顺境会埋没天才。

    ◇ [古罗马] 贺拉斯

- 没有时间,挤;学不进去,钻。

    ◇ [中国] 谢觉哉

- 天才,就是百分之一的灵感加上百分之九十九的汗水。

    ◇ [美国] 爱迪生

- 天才是不足恃的,聪明是不可靠的,要想顺手拣来的伟大科学发明是不可想象的。

    ◇ [中国] 华罗庚

- 很多人都有天赋,但如果不加以发挥,天赋就只好被埋没了。

  ◇ [美国]朗费罗

- 假如你有天赋,勤奋会使它变得更有价值;假如你没有天赋,勤奋可以弥补它的不足。

  ◇ [英国]雷诺兹

- 人生来就具有一定的天赋。

  ◇ [美国]爱默生

- 天资并不带来任何技巧,天资只提供学习任何技巧的可能性。

  ◇ [中国]茅盾

- 不管是什么样的人,命运之神都赋予了他一种他人所没有的优秀才能。

  ◇ [日本]铃木健二

知识学习
ZHISHI XUEXI

- 卓越的才能，如果没有机会，就将失去价值。
    ◇ ［法国］拿破仑

- 铁不用会生锈，水不流会发臭，人的智慧不用就会枯萎。
    ◇ ［意大利］达·芬奇

- 永远不要把知识与智慧混为一谈。知识帮助你谋生；智慧令你不枉此生。
    ◇ ［美国］凯利

- 不是无知本身，而是对无知的无知，才是对知识的扼杀。
    ◇ ［英国］怀特海

- 不要企图无所不知，否则你将一无所知。
    ◇ ［古希腊］德谟克利特

- 不知道自己的无知,乃是双倍的无知。
  ◇ [古希腊]柏拉图

- 我们知道的东西是有限的,我们不知道的东西则是无穷的。
  ◇ [法国]拉普拉斯

- 聪明人从敌人那里也能学到不少东西。
  ◇ [古希腊]阿里斯托芬

- 聪明人想了再说,傻瓜说了再想。
  ◇ [阿根廷]科尔顿

- 如果你聪明,你会了解自己的无知;如果你不认识这一点,就是愚昧。
  ◇ [法国]卢梭

- 想得好是聪明；计划得好更聪明；做得好是最聪明而又是最好。

  ◇ ［法国］拿破仑

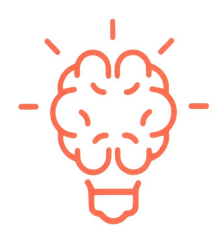

- 愚蠢的本质是只看到别人的过失而忘记自己的错误。
  ◇ ［古罗马］西塞罗

- 没有文化的军队是愚蠢的军队，而愚蠢的军队是不能战胜敌人的。
  ◇ ［中国］毛泽东

- 没有生命便没有艺术。
  ◇ ［法国］罗丹

- 每一个人都可以从艺术中看到他所希望看到的东西。
  ◇ ［苏联］巴鲁兹金

- 艺术，不是充饥的面包，不是育婴的摇篮，更不是吓麻雀的稻草人，而是开启心灵的钥匙。
  ◇ ［中国］王朝闻

知识学习
ZHISHI XUEXI

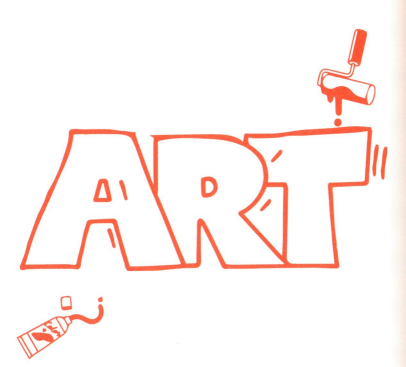

- 艺术是美的集中表现。

  ◇ ［中国］朱光潜

- 艺术犹如生命，是发掘不尽的。

  ◇ ［法国］罗曼·罗兰

- 艺术远没有生活重要，但是没有艺术的生活是多么乏味啊！

  ◇ ［美国］罗伯特·马瑟韦尔

- 人为什么需要文学？需要它来扫除我们心灵上的尘垢，需要它给我们带来希望，带来勇气，带来力量。

  ◇ ［中国］巴金

- 文学是事实与灵魂相契合后的再现。

  ◇ ［法国］巴尔扎克

- 文学作品应当能使人笑得起来,哭得起来,盼得起来。
  ◇ [英国]里德

- 戏剧把已经完成的事件当作好像目前正在发生的事件表演在读者或观众面前。
  ◇ [俄国]别林斯基

- 戏剧就是滑稽丑怪与崇高优美的结合、灵魂与肉体的结合、悲剧与喜剧的结合。
  ◇ [法国]雨果

- 最好的戏剧也不过是人生的缩影。
  ◇ [英国]莎士比亚

- 不管是什么音乐,它不立即令人爱听,就不是音乐了。
  ◇ [法国]司汤达

- 当我听到音乐时,我的心会急速跳动,充满了生命力,就像是起风时的商船队。

    ◇ [美国]梭罗

- 领悟音乐的人,能从一切世俗的烦恼中超脱出来。

    ◇ [德国]贝多芬

- 音乐和旋律,足以引导人走进灵魂的秘境。

    ◇ [古希腊]苏格拉底

- 音乐是人类共同的语言。

    ◇ [美国]朗费罗

- 舞蹈的美首先在于它是运动冲动的自由和有节奏的表现。

    ◇ [苏联]扎哈罗夫

- 舞蹈可以说是活动的雕刻,它所表现的是感情的高度集中。

    ◇ [中国]欧阳予倩

- 世人公认中国书法是最高艺术,就是因为它能显出惊人奇迹,无色而具图画的灿烂,无声而有音乐的和谐,引人欣赏,心畅神怡。

    ◇ [中国]沈尹默

- 书法的好坏,主要在于气韵的雅俗。

    ◇ [中国]冯友兰

- 有些画家把太阳画成一个黄点儿，另一些画家把一个黄点儿画成太阳。

  ◇ ［西班牙］毕加索

- 雕刻不需要独创，但一定要有生命。

  ◇ ［法国］罗丹

- 雕刻家进行创作是为了表现生活与自然的普通人，而不是为了解剖学家。

  ◇ ［英国］拉斯金

- 包括建筑在内的世界万物的美，就在于比例。

  ◇ ［意大利］贝尔尼尼

- 建筑是凝固的音乐，音乐是流动的建筑。

  ◇ ［德国］谢林

- 建筑学是一门设计空间结构的杰出艺术——即有效地发挥空间作用的艺术。

    ◇ [美国]克·布雷格登

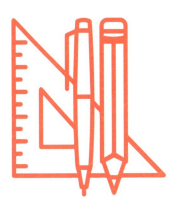

07 / 处事社交
CHUSHI SHEJIAO

- 处世要公道、合理，当你遇事想到自己时，同时要想到他人，想到全社会。

  ◇ ［中国］乔安山

- 处世之道，贵在礼尚往来。如果你想获得友谊，你必须为你的朋友效力。

  ◇ ［美国］爱默生

- 立身处世，就靠真理和诚实。

  ◇ ［英国］莎士比亚

- 世故和善于运用世故之间存在着多么难以衡量的距离呀！

  ◇ ［俄国］果戈理

- 与人相处之道，第一要谦下诚实。

  ◇ ［中国］杨继盛

- 多和朋辈交游无疑是医治心病的良方。
    ◇ ［印度］泰戈尔

- 与有肝胆人共事,从无字句处读书。
    ◇ ［中国］周恩来

- 重要的不在于你是谁生的,而在于你跟谁交朋友。
    ◇ ［西班牙］塞万提斯

- 不要想说什么就说什么,凡事必须三思而行,对人要和气,可是不要过分狎昵。
    ◇ ［英国］莎士比亚

- 轻信与软心肠其实常常是束缚老实人的枷锁。
    ◇ ［英国］培根

- 涵容是待人第一法，恬淡是养心第一法。

  ◇ ［中国］李叔同

- 当你处世行事时，正确运用知识意味着力量。

  ◇ ［英国］培根

- 不管一个人的力量大小，他要是跟大家合作，总比一个人单干能发挥更大的作用。

  ◇ ［英国］塞缪尔·巴特勒

- 巨大的建筑，总是由一木一石叠起来的，我们何妨做做这一木一石呢？我时常做些零碎事，就是为此。

  ◇ ［中国］鲁迅

- 一朵鲜花打扮不出美丽的春天，一个人先进总是单枪匹马，众人先进才能移山填海。

  ◇ ［中国］雷锋

- 不管一个人多么有才能,但是集体常常比他更聪明和更有力。

  ◇ [苏联]奥斯特洛夫斯基

- 坏人因畏惧而服从,好人因爱而服从。

  ◇ [古希腊]亚里士多德

- 一个正直的人要经过长久的时间才能看得出来,一个坏人只要一天就认得出来。

  ◇ [古希腊]索福克勒斯

- 有些人是不值得你伸手的,你只应伸脚。

  ◇ [德国]尼采

- 帮助朋友,以保持友谊;宽恕敌人,为争取感化。

  ◇ [美国]富兰克林

- 富贵固然和友谊的好坏无关,但是贫穷却最能考验朋友爱憎分明的真假。

  ◇ [英国]莎士比亚

- 和你一同笑过的人,你可能把他忘掉;但是和你一同哭过的人,你却永远不忘。

  ◇ [黎巴嫩]纪伯伦

- 我认为，一个人如果抛弃他忠实的朋友，就等于抛弃他最珍贵的生命。

    ◇ ［古希腊］索福克勒斯

- 兄弟不一定是朋友，但朋友往往是兄弟。

    ◇ ［美国］富兰克林

- 有很多良友,胜于有很多财富。

  ◇ 〔英国〕莎士比亚

- 不管使用什么样的语言,只要你开口,就可以反映出你的人品。

  ◇ 〔法国〕罗曼·罗兰

- 温和、谦逊、多礼的言行,有时能使人回心转意。

  ◇ 〔波斯〕萨迪

- 语言最能暴露一个人,只要你说话,我就能了解你。

  ◇ 〔英国〕本·琼森

- 仔细斟酌你的言辞,以免它们变成利剑。

  ◇ 〔英国〕卡莱尔

- 侃侃而谈的人播种,缄默不语的人收获。

  ◇ 〔英国〕赫伯特

- 宁可滑了脚,不可滑了嘴。
  ◇ [美国]富兰克林

- 真正的朋友应该说真话,不管那话多么尖锐。
  ◇ [苏联]奥斯特洛夫斯基

- 编造谎言的人撒的每一次谎不只是自杀行为,而且还是对人类社会的健康的伤害。
  ◇ [美国]爱默生

- 实话可能令人伤心,但胜过谎言。
  ◇ [苏联]阿扎耶夫

- 不敢正视自己的人,不可能产生正确的批评。
  ◇ [中国]丁玲

- 缄默有时候是最严厉的批评。
  ◇ [英国]巴克斯顿

- 每逢你想要批评任何人的时候,你就记住,这个世界上所有的人,并不是个个都有你那些优越的条件。
  ◇ [俄国]叶赛宁

- 不敢赞美对手的人是没有价值的。
  ◇ [英国]德莱顿

- 称赞虽可使人着迷,但也足以害人!它正如混着蜜糖的毒酒,是为被判死刑的人准备的。
  ◇ [苏联]高尔基

- 一个人的非难,要比十个人的赞美更有力量。
  ◇ [德国]舒曼

- 有一些责难是赞扬,有一些赞扬是诽谤。
  ◇ [法国]拉罗什富科

- 不为人知的高尚行为,是最值得尊敬的。

  ◇ [法国]帕斯卡尔

- 行为是面镜子,在它面前,每一个人都显露出各自的真实面貌。

  ◇ [德国]歌德

- 礼仪,是聪明人想出来的与愚人保持距离的一种策略。

  ◇ [美国]爱默生

- 如果我们举止有礼、言谈友善，我们就能粗暴地对待许多人而又安然无恙。

    ◇ ［德国］叔本华

- 在宴席上最让人开胃的就是主人的礼节。

    ◇ ［英国］莎士比亚

- 当你对一个人说话时，看着他的眼睛；当他对你说话时，看着他的嘴。

    ◇ ［美国］富兰克林

- 礼貌比法律更强有力。

    ◇ ［英国］卡莱尔

- 不要沾染奉承人的习气，它会使人丧失美德。除了喜欢别人逢迎的人以外，逢迎者是人类中最卑劣的。

    ◇ ［英国］莫尔

- 奉承不用花钱,但是绝大多数人却不自觉地向奉承者付出巨款。

  ◇ [爱尔兰]叶芝

- 被同一个人欺骗了两次的人,便是那个欺骗者的帮凶。

  ◇ [英国]托马斯·富勒

- 当一个人连自己也欺骗不了的时候,要骗得了别人是很困难的。

  ◇ [美国]马克·吐温

- 认为自己比别人聪明是对自己最大的欺骗。

  ◇ [法国]拉罗什富科

- 傻瓜旁边必有骗子。

  ◇ [法国]巴尔扎克

- 怀疑并不是信念的对立面,而是信念的一个组成部分。
  ◇ [德国]蒂利希

- 为了正确地认识真理,我们首先必须怀疑它并同它辩论。
  ◇ [德国]诺瓦利斯

- 知识贫乏最能让人生出许多怀疑。
  ◇ [英国]培根

- 不信任朋友比被朋友欺骗更可耻。
  ◇ [法国]拉罗什富科

- 不要对一切人都以不信任的眼光看待,但要谨慎而坚定。
  ◇ [古希腊]德谟克利特

- 轻信所有的人和不信任所有的人同样是缺点。

  ◇ ［美国］迪斯尼

- 长期守信得来的信用，很可能只因为一次失信就人格破产——所以，爱惜信用的人一定谨慎行事，千万不可走错一步。

  ◇ ［日本］松下幸之助

- 聪明的人绝不会相信叛徒。

  ◇ ［古罗马］西塞罗

- 不会宽容别人的人，是不配受到别人的宽容的。

  ◇ ［俄国］屠格涅夫

- 不肯宽恕人的人是最坏的人。

  ◇ ［英国］托马斯·富勒

- 宽恕所产生的道德上的震动比责罚产生的要强烈得多。
  ◇ [苏联] 苏霍姆林斯基

- 宽恕他人者,自己也将得到宽恕。
  ◇ [意大利] 菲·贝利

- 宽恕一个罪人,就等于纵容许多人去以身试法。
  ◇ [古罗马] 绪儒斯

- 不尊重别人感情的人,最终只会引起别人的讨厌和憎恶。
  ◇ [美国] 卡耐基

- 对人不尊敬的人,首先是对自己不尊敬。
  ◇ [俄国] 陀思妥耶夫斯基

- 经常受到人们的尊敬比让别人赞美数次要强过百倍。
    ◇ [法国]卢梭

- 你尊重人家,人家尊重你,这是人与人之间的公平交易。
    ◇ [印度]泰戈尔

- 尊重别人的长处,在任何情况下都平等待人的人,才是道德高尚的人。
    ◇ [苏联]苏霍姆林斯基

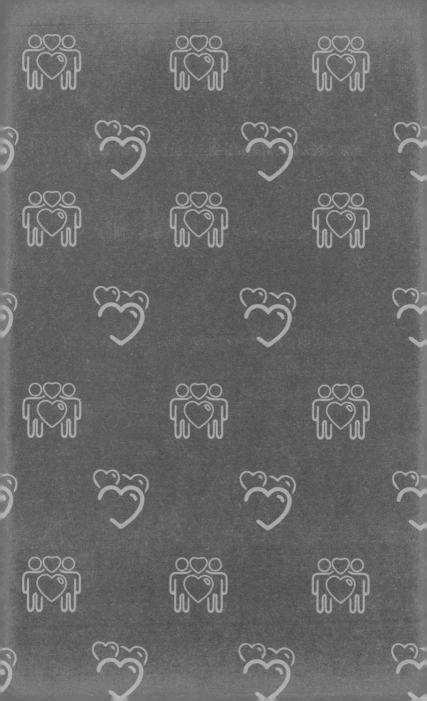

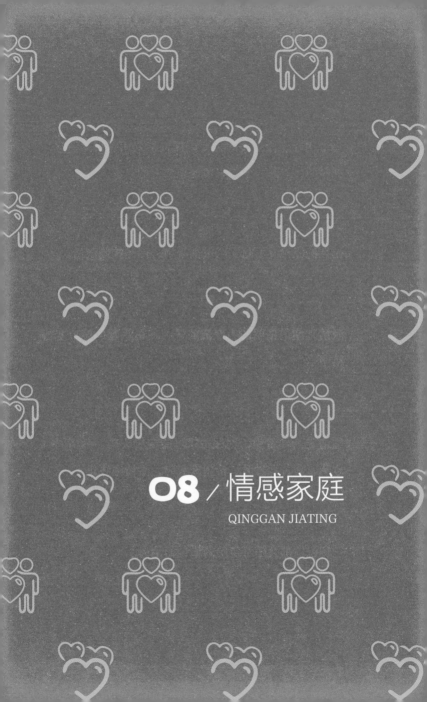

08 / 情感家庭
QINGGAN JIATING

- 每个年轻人最主要的是要记住,不要用粗野的情感,如喊叫、暴躁、凶狠来填补思想上的空虚。

    ◇ [苏联]苏霍姆林斯基

- 德性的完善并不是完全取消激情,而是控制激情。

    ◇ [意大利]阿奎那

- 激情常使最精明的人变成疯子,使最愚蠢的傻瓜变得精明。

    ◇ [法国]拉罗什富科

- 激情是一种希望,这种希望可能变成失望。激情同时意味着痛苦和过渡。希望破灭时,激情便终止了。

    ◇ [法国]巴尔扎克

- 一切激情都会随着年龄的增长而消失。

    ◇ [法国]伏尔泰

- 假如没有热情,世界上一切伟大的事业都不会成功。

  ◇ [德国]黑格尔

- 没有一个伟大的事业不是以极大的热情去创造的。

  ◇ [美国]爱默生

- 热情有极大的价值,只要我们不因此忘乎所以。

  ◇ [德国]歌德

- 不与感情相呼应的同情，只不过是伪装的自私。
  ◇ [英国]罗素

- 对于一个病人来说，仁爱、温和、兄弟般的同情，有时甚至比药物更灵。
  ◇ [俄国]陀思妥耶夫斯基

- 过多的同情是错误的。当然，过少的同情更是错误的，在这方面就像其他任何事情一样，走极端都是不好的。
  ◇ [英国]罗素

- 通过同情去理解并且经受别人的痛苦，自己也会内心丰富。
  ◇ [奥地利]茨威格

- 我从别人对我的同情中学会了同情别人。
  ◇ [英国]哥尔斯密

- 快乐有人分担,也就分外快乐。

  ◇ [法国]莫里哀

- 人的智慧就是快乐的源泉。

  ◇ [意大利]薄伽丘

- 人生最大的快乐不在于占有什么，而在于追求什么的过程。

  ◇ ［加拿大］班廷

- 不认识痛苦，就不是一条好汉。

  ◇ ［法国］雨果

- 经受痛苦与忧伤越多的人，越是能忍耐。

  ◇ ［英国］华兹华斯

- 世界上产生痛苦的事，原本比制造快乐的事要多。

  ◇ ［德国］叔本华

- 仇恨来自感情，轻蔑出自理智；这两种情绪都不是我们所能控制的。

  ◇ ［德国］叔本华

- 亲友一旦反目,其仇恨必定是最深的。

    ◇ [古罗马]塔西佗

- 人们因为不爱听坏消息,往往会连带憎恨那些报告坏消息的人。

    ◇ [英国]莎士比亚

- 把你的烦恼搁到它自行消失的那一天。

    ◇ [英国]托马斯·富勒

- 不要无事自寻烦恼,这句老话充满着精辟的哲理。

    ◇ [美国]朗费罗

- 苦恼有人分担,也是一种乐趣。

    ◇ [法国]罗曼·罗兰

- 没有烦恼就没有进步。烦恼是前进的动力。

    ◇ [日本]池田大作

- 愤怒是对于用不正当的方法来伤害别人的一种报复的欲望。

  ◇ [古希腊]芝诺

- 愤怒以愚蠢开始,以后悔告终。

  ◇ [古希腊]毕达哥拉斯

- 没有孤独,就不知道什么是幸福。

  ◇ [俄国]契诃夫

- 越伟大、越有独创精神的人越喜欢孤独。

  ◇ [英国]赫胥黎

- 妒忌是一切杰出人物必须偿付的税。

  ◇ [美国]爱默生

- 一个人最受称赞的时候,正是他最被人嫉恨的时候。

  ◇ [英国]德莱顿

- 对危险的恐惧要比危险本身可怕一万倍。

  ◇ [英国]笛福

- 人要是惧怕痛苦,惧怕种种疾病,惧怕不测的事件,惧怕生命的危险和死亡,他就会什么也不能忍受。

  ◇ [法国]卢梭

- 谁能战胜痛苦和恐惧,他自己就能成为上帝。

  ◇ [俄国]陀思妥耶夫斯基

- 要是人没有了恐惧心,就一切全完了!一切全毁了!一切全垮了!据说,世界就是靠人们的恐惧心来维持的啊!

  ◇ [苏联]高尔基

- 多愁多虑，多烦多恼，都是庸人自扰。

  ◇ ［中国］邹韬奋

- 人一发愁，魔鬼就会来找他。

  ◇ ［苏联］高尔基

- 无忧无虑是美满生活的最基本条件。

  ◇ ［古罗马］西塞罗

- 爱情必须时时更新、生长、创造。

  ◇ ［中国］鲁迅

- 爱情不仅不能买卖，而且金钱是必然会扼杀爱情的。

  ◇ ［法国］卢梭

- 爱情不仅仅是一种情感,而且还是阴阳两极的互相吸引,是一对永恒的矛盾,是宇宙中一个伟大而神奇的规律。

  ◇ [苏联]留利柯夫

- 爱情不就是因为所爱的人的快乐而快乐,因为他的痛苦而痛苦吗?

  ◇ [俄国]车尔尼雪夫斯基

- 爱情可以把野蛮变成温顺，把理智变成疯狂，把谨慎变成轻率。

    ◇ ［意大利］达·芬奇

- 爱情，如果不落实到穿衣、吃饭、数钱、睡觉这些实实在在的生活里去，是不容易天长地久的。

    ◇ ［中国］三毛

- 爱情是人生的盐，借助于它，人们才体味得出人世间的情趣。

    ◇ ［美国］欧文·斯通

- 你能用金钱买来的爱情，别人也能用金钱把它买去。

    ◇ ［英国］培根

- 爱的表现是无保留地奉献，而其本质却是无偿地索取。

    ◇ ［日本］有岛武郎

- 爱的礼物是不能赠送的,它所期待的是为对方所接受。
    ◇ [印度]泰戈尔

- 爱得愈深,苛求得愈切,所以爱人之间不可能没有意气的争执。
    ◇ [英国]劳伦斯

- 爱叫懦夫变得大胆,却叫勇士变成懦夫。
    ◇ [英国]莎士比亚

- 爱使伟大的灵魂变得更加伟大。
    ◇ [德国]席勒

- 人一辈子如果能真正地爱过一个人,应当说那是人生的幸福。
    ◇ [日本]桥田寿贺子

- 恋爱是一个偶然的机遇,有的人被爱神用箭射中,有的人却自己跳进罗网。

    ◇ [英国]莎士比亚

- 恋爱能使生命燃烧,使生命充实。

    ◇ [德国]歌德

- 恋爱是火,火是不能随便玩的。

    ◇ [中国]丁玲

- 初恋是青春的第一朵花,不能随便掷弃。

    ◇ [中国]老舍

- 所谓初恋,就是只在心里怀着朦胧向往的一种情愫。

    ◇ [法国]贝克

- 世界上没有比美丽的容颜更好看的景色,也没有比爱人的声音更甜美的声音。

  ◇ [法国]拉布吕耶尔

- 一个真正的爱人是愿意把自己最美好的东西贡献给对方的,这就意味着他必须努力发展自己身上与众不同的奇特才能。

  ◇ [美国]巴士卡里雅

- 结婚是青春的终点,也是奔向幸福人生的出发点。为了让它结出美好的果实,千万不要焦急,要慎重,要有诚意。

  ◇ [日本]池田大作

- 结婚之前,你的双眼要睁得大大的,结婚之后不妨半闭起来。

  ◇ [英国]培根

- 夫妻离婚,是因为没有感情;有的夫妻离婚,却是因为感情太复杂了。

  ◇ [中国]张贤亮

- 爱情可以,而且应该永远和婚姻共存。

  ◇ [英国]拜伦

- 爱情是盲目的,但婚姻恢复了它的视力。

  ◇ [德国]利希滕贝格

- 不如意的婚姻好比是座地狱,一辈子鸡争鹅斗,不得安生;相反的,选到一个称心如意的配偶,就能百年谐和,幸福无穷。

    ◇ [英国]莎士比亚

- 成功婚姻的标志就是双方在白天忘了彼此是情人,夜晚忘了彼此是夫妻。

    ◇ [法国]罗斯丹

- 婚姻带来责任和义务,但它仍旧拥有另一种形式的自由和满足。

    ◇ [美国]康诺·高恩

- 美好的婚姻是我们养育人类未来一代的最好方法,所有婚姻都应该记住这一点。

    ◇ [奥地利]阿德勒

- 美满的婚姻并不意味着从无烦恼。

  ◇ [美国]尼克松

- 如果说恋爱是诗的话,那么结婚便是散文了!生了孩子之后,便是戏剧,因为哪怕再好的夫妻,也会为了孩子而出演几幕悲喜剧。

  ◇ [中国]冰心

- 以爱情为基础的婚姻,乃是人间无可比拟的幸福。

  ◇ [中国]梁实秋

- 因结婚而产生的爱,造就儿女;因友情而产生的爱,造就一个人。

  ◇ [英国]培根

- 知识的悬殊,境界的不同,是幸福婚姻的最大礁石。

  ◇ [中国]柏杨

- 高尚的家庭生活，必须有夫妻精神上高度的接近，对爱人精神世界的要求，其实也就是对自己的要求。

  ◇ ［苏联］苏霍姆林斯基

- 不论皇帝还是庶民，能在自己家中得到和睦就是最幸福的人。

  ◇ ［德国］歌德

- 夫妻生活应具有高度的文化修养，丈夫和妻子的道德修养应不断提高，而这一点对丈夫尤为重要。

  ◇ ［苏联］苏霍姆林斯基

- 父亲对孩子做的最大的好事，莫过于爱他们的母亲。

  ◇ ［瑞士］海斯堡

- 母亲的教育决定子女未来的前途。

  ◇ ［法国］拿破仑

- 父母的美德是一笔巨大的财富。

  ◇ ［古罗马］贺拉斯

- 孩子是映照父母行为的镜子。

  ◇ ［荷兰］斯宾诺莎

- 每一代人总是反抗自己的父辈,却和祖父辈交上了朋友。

  ◇ ［美国］刘易斯

情感家庭
QINGGAN JIATING

情感家庭
QINGGAN JIATING

09 / 生活闲趣
SHENGHUO XIANQU

- 不管一切如何,你仍然要平静和愉快。生活就是这样,我们也必须这样对待生活,要勇敢、无畏、含着笑容地——不管一切如何。

  ◇ [德国]罗莎·卢森堡

- 不要慨叹生活的痛苦!慨叹是弱者……

  ◇ [苏联]高尔基

- 对于无所事事的人,生活很快便失去新奇,而当新奇放在坟墓,埋葬安乐的丧礼便接踵而来。

  ◇ [法国]罗曼·罗兰

- 生活本身就是一个最美丽的童话!

  ◇ [丹麦]安徒生

- 生活就像剥洋葱,你一层一层地剥开,总有一层会让你流泪。

  ◇ [美国]桑德伯格

- 生活是欺骗不了的,一个人要生活得光明磊落。
  ◇ [中国]冯雪峰

- 生活就是我们的字典。
  ◇ [中国]茅盾

- 生活太安逸了,工作就要被生活所累。
  ◇ [中国]鲁迅

- 生活真像这杯浓酒,不经三番五次的提炼呵,就不会这样可口!
  ◇ [中国]郭小川

- 生活只有在充满魔力、富有乐趣的时候,才显得美好。
  ◇ [美国]爱默生

- 播种一个行动,你会收获一个习惯;播种一个习惯,你会收获一个个性;播种一个个性,你会收获一个命运。

    ◇ [塞内加尔]菩德吉

- 习惯是一个人思想与行为的领导者。

    ◇ [美国]爱默生

- 当金钱说话时,真理就缄默了。

    ◇ [墨西哥]利萨尔迪

- 金钱能使卑下的人身败名裂,而使高尚的人胆壮心雄。

    ◇ [中国]林语堂

- 我们可以为金钱而工作,但不可为金钱而出卖尊严。

    ◇ [日本]松下幸之助

- 与其说富人拥有钱财,不如说钱财拥有富人。

    ◇ [英国]伯顿

- 与其在死后手中握着一大把钱,还不如活着的时候活得丰富多彩。

    ◇ [英国]塞缪尔·约翰逊

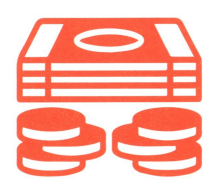

- 节俭是你一生中食之不完的美筵。

  ◇ ［美国］爱默生

- 任意浪费必然导致令人苦恼的匮乏。

  ◇ ［英国］托马斯·富勒

- 忘记你贫困的日子,但别忘记它给你的教训。

  ◇ ［德国］歌德

- 建筑在别人痛苦上的幸福不是真正的幸福。

  ◇ ［苏联］巴巴耶娃

- 快乐可依靠幻想,幸福却要依靠实际。

  ◇ ［法国］尚福尔

- 你想成为幸福的人吗?但愿你首先学会吃得起苦。

  ◇ ［俄国］屠格涅夫

- 财富的增长和闲暇的增多,是促进人类文明的两大要素。

    ◇ [英国]迪斯累里

- 享受悠闲的生活决不需要金钱。有钱的阶级不会真正领略悠闲生活的乐趣。

    ◇ [中国]林语堂

- 一个明智地追求快乐的人,除了培养生活赖以支撑的主要兴趣之外,总得设法培养其他许多闲情逸致。

    ◇ [英国]罗素

- 年轻时,由于兴趣广泛,容易忘事;年老了,由于缺乏兴趣而健忘。

    ◇ [德国]歌德

- 世上不存在毫无趣味的事,只有对一切都毫无兴趣的人。

  ◇ [英国]切斯特顿

- 舒适和安乐有一种魔力,它们能够逐步吸引那些甚至是意志坚强的人。

  ◇ [俄国]契诃夫

- 终日埋头工作而不去玩耍,聪明的孩子也会变傻。

  ◇ [美国]豪厄尔

- 娱乐存在于生活之中,并创造了生活的风貌。

  ◇ [日本]三木清

生活闲趣
SHENGHUO XIANQU

- 世上没有丑陋的情人,也没有漂亮的囚犯。

    ◇ [美国]富兰克林

- 虽然人能长得像玫瑰一样美丽,但她的美貌终有一天要消失。

    ◇ [英国]史文朋

- 精致服装的好处,仅是为你提供赢得尊敬所需要的手段。

    ◇ [英国]塞缪尔·约翰逊

- 只有当你想得到别人的尊敬而又没有其他办法时,漂亮的衣服才能派上用场。

    ◇ [英国]塞缪尔·约翰逊

- 优雅比美丽更富有魅力。

  ◇ [美国]爱默生

- 酒杯淹死的人比海还要多。

  ◇ [英国]托马斯·富勒

- 每一杯过量的酒都是魔鬼酿成的毒汁。

  ◇ [英国]莎士比亚

- 对青年人来说,旅行是教育的一部分;对老年人来说,旅行是阅历的一部分。

  ◇ [英国]培根

- 孤独的旅行者走得最远。

  ◇ [法国]塞利纳

- 好旅伴可以缩短旅途时间。

  ◇ [英国]沃尔顿

- 旅游使智者更慧,愚者更昧。

  ◇ [英国]托马斯·富勒

- 生命在于运动。

  ◇ [法国]伏尔泰

- 适当的运动和正常的生活是最靠得住的保健之道。

  ◇ [中国]罗兰

- 保持健康,这是对自己的义务,甚至也是对社会的义务。

  ◇ [美国]富兰克林

- 忽略健康的人,就是等于在与自己的生命开玩笑。

  ◇ [中国]陶行知

- 健康是使生活中的一切零都产生价值的那个数字。

  ◇ [法国]丰特奈尔

- 健康是为我们的事业和我们的福利所必需的，没有健康，就不可能有什么福利，有什么幸福。

  ◇ ［英国］洛克

- 旺盛的精力寓于健康的身体。

  ◇ ［中国］吴运铎

- 要恢复生机，就要身体上和精神上都保持健康状态。

  ◇ ［中国］朱光潜

- 早睡早起，使人健康、富有、明智。

  ◇ ［美国］富兰克林

- 要是您在狂暴的感情冲动之下牺牲您的健康，生命也将不免于毁灭。

  ◇ ［英国］莎士比亚

- 身体的经久比美丽更好。
  - ◇ ［古希腊］伊索

- 健康的躯体是灵魂的客厅,而病体则是监狱。
  - ◇ ［英国］培根

- 饮食节制常常使人头脑清醒思想敏捷。
  - ◇ ［美国］富兰克林

- 对大多数人来说,心随身体衰老。
  - ◇ ［法国］莫泊桑

- 养心无别法,只寡言、少食、息怒数般。
  - ◇ ［中国］梁章钜

- 养病犹如打仗,一着不慎,全线崩溃。
  - ◇ ［中国］叶紫

- 好奇是一个有创造力的知识分子身上固有的和永久的特点之一。

    ◇ [英国]塞缪尔·约翰逊

- 悠闲的生活与懒惰是两回事。

    ◇ [美国]富兰克林

- 闲适是一个空杯子,它完全依赖于我们往它里面倒入什么东西。

    ◇ [意大利]拉斐尔